Elke Huber

Window Color Landleben

CHRISTOPHORUS
BRUNNEN-REIHE

Inhalt

Landleben

Mit Glas Design hinaus in die Landidylle: Hier zeige ich Ihnen Motive aus dem Landleben, die eine Mischung aus Romantik und Landhausstil vermitteln.

Eine Gans spaziert am alten Ziehbrunnen vorbei. Da sind die alten Häuser mit Läden an den Fenstern, geschmückt mit üppigen Blumenkästen. Und in manch einem Haus findet sich vielleicht auch heute noch der gute alte Holzofen, auf dem noch ganz rustikal Marmelade eingekocht wird. Die wird dann zum Frühstück mit blau-weißem Geschirr serviert. Es gibt Kühe auf den Wiesen, hier und da schaut auch schon mal ein Pferd zum Fenster herein.

Buben helfen Gras und Heu einfahren. Ein Mädchen sucht einen schattigen Platz für den Kinderwagen unter den blühenden Bäumen. Und am Zaun steht ein kleiner Junge mit einer Katze im Arm und schaut seiner Schwester entgegen, die mit einem Korb Blumen aus dem Garten kommt.

Alle diese Motive sind hübsche Dekorationen für Fenster, Spiegel oder Kacheln. Und jedes Bild hat seine eigene kleine Geschichte. Lassen Sie sich entführen in diese Idylle und dekorieren Sie Ihr Heim mit Ihren eigenen kleinen Kunstwerken!

Viel Spaß dabei wünscht Ihnen

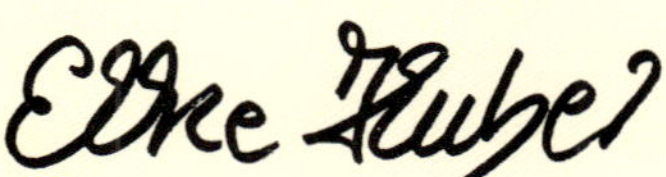

So geht's

1 Das gewünschte Motiv vom Vorlagebogen mit einem schwarzen Filzstift und Transparentpapier abpausen und hinter eine Folie kleben oder in eine Prospekthülle schieben. Umrisslinien mit Konturenfarbe auf der Folie nachziehen. Dabei können Sie direkt aus der Tube malen oder den Airliner der Firma C. Kreul verwenden. Die Farbe mit etwas Abstand auf die Folie fließen lassen. Die Konturenfarbe etwa acht Stunden trocknen lassen. Mit einem Fön können Sie die Trockenzeit verkürzen.

2 Die Flächen mit den entsprechenden Farben ausfüllen. Dabei etwas Farbe auf die Folie geben und direkt mit der Flasche oder mit einem Holzstäbchen verteilen, überall bis an die Kontur streichen, damit keine Lücken entstehen. Die Farbe immer sehr großzügig auftragen, sonst reißt das Bild eventuell beim Ablösen. Glas Design sieht zunächst milchig aus. Nach 24 Stunden ist die Farbe transparent getrocknet. Jetzt kann das Motiv von der Folie gelöst und auf allen glatten Untergründen angebracht werden.

Tipps & Tricks

■ Farben ohne Konturbegrenzung immer einzeln aufmalen, trocknen lassen und dann mit der nächsten Farbe weitermalen. Ansonsten laufen die Farben ineinander und vermischen sich.
■ Fehler im Bild können nach dem Trocknen mit einer Rasierklinge ausgeschnitten und erneut gemalt werden.
■ Blumenmotive wirken plastischer, wenn die verschiedenen Farbtöne mit einem Holzstäbchen ineinander gezogen werden.
■ Die Farben immer gut trocknen lassen, am besten an einem warmen trockenen Ort, sonst verlängert sich die Trockenzeit, erst dann die Motive von der Folie lösen.
■ Fertige Bilder nie direkt aufeinander legen, immer eine Folie zwischen fügen.
■ Die Bilder können feucht gereinigt werden, zuviel Wasser allerdings löst die Farben an.
■ Besonders reizvolle Effekte entstehen mit Glas Design Perlen, mit Glitzer oder Sternchen. Diese Verzierungen einfach auf die noch nasse Farbe aufstreuen; sie trocknen mit der Farbe und haften so von allein.

Die Folien

■ Als Arbeitsfolien sind nur Folien aus Polyprohylen (PP) oder Polyethylen (PE) geeignet. Diese sind im Hobby-Fachhandel erhältlich. Auch die meisten Prospekthüllen sind sehr gut verwendbar. Bei anderen Folien vorher testen, ob sich das Bild abziehen läßt!
■ Von selbsthaftender Adhäsionsfolie lassen sich die Bilder nicht ablösen. Hier wird das gemalte Motiv ausgeschnitten und mit der Folie selbsthaftend am Fenster angebracht. Diese Folie eignet sich zur Stabilisierung eines Bildes, das oft wieder abgelöst werden soll. Auch Motive mit großen Freiräumen, die ansonsten mit Kristallklar aufgefüllt werden müssen, können auf dieser Folie gemalt werden.
■ Von der Windradfolie, die dicker und stabiler ist (0,2 oder 0,4 mm), kann das Motiv ebenfalls nicht abgelöst werden. Sie wird für Mobiles, freihängende Fensterbilder oder auch für Laternen verwendet.

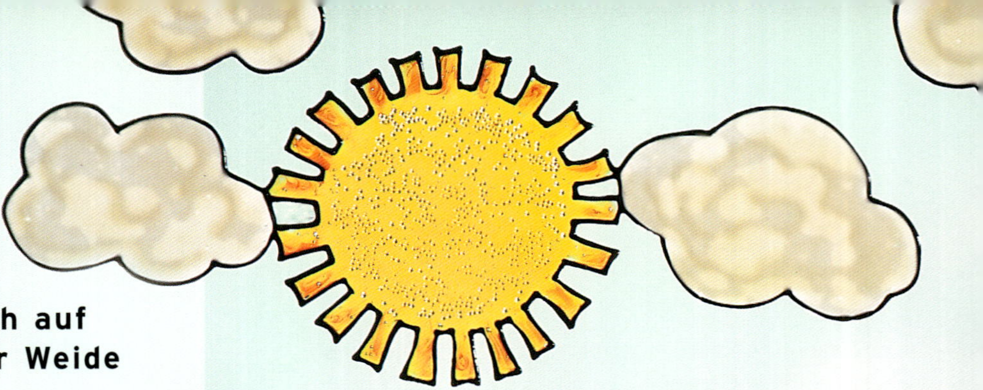

Kuh auf der Weide

Kontur

- Schwarz
- Fluid
- Reinweiß
- Silber

Farben

Sonne/Wolken

- Goldgelb
- Schneeweiß
- Mohnrot
- Perlen, klein, klar

Kuh

- Maigrün
- Diamantblau
- Dunkelbraun
- Fleischfarbe
- Mausgrau
- Schneeweiß
- Kristallklar

Vorlagen

A1 - A8

Für das Fell schwarze Konturenfarbe, für die Glocke Konturenfarbe in Silber mit Fluid verdünnen und wie normale Farbe auftragen.

Milch

Kuh & Pferd

Kontur

- Schwarz
- Fluid
- Silber

Farben

Kuh

- Diamantblau
- Royalblau
- Fleischfarbe
- Schneeweiß

Pferd

- Goldgelb
- Moosgrün
- Diamantblau
- Royalblau
- Bernstein
- Hellbraun
- Schneeweiß

Vorlagen B und C

Für das Fell der Kuh schwarze Konturenfarbe, für Halfter und Glocke Konturenfarbe in Silber mit Fluid verdünnen und wie normale Farbe auftragen.

Blumen-fenster

Kontur

- Schwarz
- Bleifarbig

Farben

- Goldgelb
- Maigrün
- Royalblau
- Violett
- Rubinrot
- Signalrot
- Schneeweiß
- Kristallklar

Vorlagen

D1 – D3

Stiefmütterchenkranz
siehe Abbildung Seite 2

Gans

Kontur

- Schwarz

Farben

- Sonnengelb
- Maigrün
- Royalblau
- Diamantblau
- Orange
- Schneeweiß
- Perlen in Blau, Rot
- Perlen, klein, klar

Zusätzlich

- Rundholz, 7 mm Ø, 50 cm lang
- 2 Holzkugeln, ca. 3 cm Ø, mit 7-mm-Bohrung
- Schleifenband in Gelb, 2,5 cm, 80 cm lang; in Blau, 0,5 cm, 80 cm lang
- Kordel in Gelb, 1 m lang

Vorlagen E1, E2

Brunnen

Kontur

■ Schwarz

Farben

Brunnen

■ Maigrün
■ Orange
■ Signalrot
■ Hellbraun
■ Mausgrau
■ Schneeweiß
■ Schwarz

Baum

■ Maigrün
■ Hellbraun
■ Goldgelb
■ Schneeweiß

Sonne/Wolken siehe Seite 6

Vorlagen

A1 – A3, F, G

Zuerst die Punkte der Blüten auftragen, nach dem Trocknen ringsherum ausmalen.

Mädchen

Kontur

- Schwarz
- Reinweiß
- Gelb
- Transparent-Rot

Farben

- Goldgelb
- Maigrün
- Diamantblau
- Rubinrot
- Fleischfarbe
- Hellbraun
- Schneeweiß
- Kristallklar
- Royalblau
- Perlen in Blau

Vorlagen H

Junge

Kontur

- Schwarz
- Reinweiß
- Blau
- Transparent-Rot

Farben

- Goldgelb
- Maigrün
- Diamantblau
- Rubinrot
- Fleischfarbe
- Hellbraun
- Schneeweiß
- Kristallklar
- Moosgrün
- Jeansblau
- Mausgrau
- Dunkelbraun
- Schwarz
- zwei kleine Knöpfe
- Perlen in Rot

Vorlagen J

Ente

Kontur

- Schwarz

Farben

Ente am Zaun

- Schneeweiß
- Diamantblau
- Rubinrot
- Maigrün
- Glitzer-Blau
- Orange
- Kristallklar
- Perlen in Rot

Margeriten-bäumchen

- Konturfarbe Gold, Reinweiß
- Maigrün
- Orange
- Hellbraun
- Signalrot
- Schneeweiß

Sonne/Wolken siehe Seite 6

Vorlagen

A1 – A7, K, L

Heuwagen

Kontur

- Schwarz

Farben

- Sonnengelb
- Maigrün
- Nachtblau
- Signalrot
- Bernstein
- Fleischfarbe
- Schneeweiß

Vorlagen M, N

Obstkorb & Strauß

Kontur

Obstkorb

- Gold

Rosenstrauß

- Schwarz
- Transparent
- Blau

Farben

Obstkorb

- Goldgelb
- Moosgrün
- Maigrün
- Royalblau
- Violett
- Hellbraun
- Kristallklar
- Perlen, klein, klar

Rosenstrauß

- Sonnengelb
- Rubinrot
- Magenta
- Royalblau
- Moosgrün

Vorlagen O, P

Kinder-
mädchen

Kontur

- Schwarz
- Bleifarbig
- Silber
- Blau
- Rot
- Reinweiß

Farben

- Goldgelb
- Rubinrot
- Royalblau
- Fleischfarbe
- Schwarz
- Schneeweiß in Kristallklar
- Perlen in Rot, Blau

Sonne/Wolken siehe Seite 6

Baum siehe Seite 14

Vorlagen

A1, F, Q

Ernte

Kontur
- Schwarz
- Bleifarbig
- Gelb
- Rot

Farben
- Royalblau
- Diamantblau
- Goldgelb
- Maigrün
- Moosgrün
- Rubinrot
- Orange
- Dunkelbraun
- Fleischfarbe
- Schneeweiß
- Kristallklar
- Perlen, groß, klar

Vorlagen R, S, T

In der Küche

Kontur

Marmeladengläser

- Schwarz
- Blau
- Rot

Ofen mit Katze

- Schwarz
- Bleifarbig
- Silber

Farben

Marmeladengläser

- Sonnengelb
- Royalblau
- Signalrot
- Schneeweiß

Ofen mit Katze

- Royalblau
- Grau
- Schwarz
- Schneeweiß

Vorlagen U, V, W

Blau-Weiß

Kontur

Mobile

- Schwarz

Kaffeeservice

- Blau

Kaffeemühle

- Bleifarbig
- Silber
- Blau
- Fluid

Farben

Mobile

- Royalblau
- Schneeweiß
- Diamantblau

Kaffeeservice

- Royalblau
- Schneeweiß
- Kristallklar

Kaffeemühle

- Schneeweiß
- Royalblau

Konturenfarbe mit Fluid verdünnen

Zusätzlich

Mobile

- Holzstab, 7 mm Ø, 30 cm
- 2 Holzkugeln, 3 cm Ø, mit 7-mm-Bohrung
- Schleifenband

Vorlagen

X1, X2, Y1, Y2, Z

Kaffee

Impressum

ISBN 3-419-56126-1

Lektorat:
Maria Möllenkamp, Freiburg

Styling und Fotos:
Roland Krieg, Waldkirch

Covergestaltung und Layoutentwurf:
Network!, München

Coverrealisierung:
smp, Freiburg

Produktion:
Carsten Schorn, Merzhausen

Druck:
Freiburger Graphische Betriebe

Wir sind für Sie da, wenn Sie Fragen zu AutorInnen, Anleitungen oder Materialien haben. Und wir interessieren uns für Ihre eigenen Ideen und Anregungen. Faxen, schreiben Sie oder rufen Sie uns an. Wir hören gerne von Ihnen!
Ihr Christophorus-Verlag

Christophorus-Verlag GmbH
Hermann-Herder-Str. 4
79104 Freiburg
Tel.: 0761/ 27 17-0
Fax: 0761/ 27 17-3 52
oder e-mail:
info@christophorus-verlag.de

Aus der Brunnen-Reihe

3-419-56112-1

3-419-56125-3

3-419-56124-5

3-419-56127-X

3-419-56128-5